Jesus

NOME SOBRE TODO NOME

✝

LIBERE A UNÇÃO DESSE NOME EM SUA VIDA

JOYCE MEYER

Edição publicada mediante acordo com FaithWords, New York, New York. Todos os direitos reservados.

Diretor
Lester Bello

Autor
Joyce Meyer

Título Original
Jesus Name Above All Names

Tradução
Maria Lucia Godde Cortez / Idiomas & Cia

Revisão
Ana Lacerda, Fernanda Silveira/
Daniele Ferreira/Idiomas & Cia

Diagramação
Julio Fado

Design capa (adaptação)
Fernando Rezende

Impressão e acabamento
Promove Artes Gráficas

BELLO
PUBLICAÇÕES

Endereço - Rua Vera Lúcia Pereira,122 Bairro
Goiânia - CEP 31.950-060 Belo Horizonte -
Minas Gerais MG/Brasil -
Tel.: (31) 3524-7700
contato@bellopublicacoes.com.br
www.bellopublicacoes.com.br

Copyright desta edição
© 2000 by Joyce Meyer
FaithWords Hachette Book Group
New York, NY

Publicado pela
Bello Comércio e Publicações Ltda-ME
com a devida autorização de
Hachette Book Group e todos
os direitos reservados.

Primeira edição — Março de 2015
1ª Reimpressão — Março de 2015

Todos os direitos reservados. Nenhuma parte desta publicação poderá ser reproduzida, distribuída ou transmitida sob qualquer forma ou meio, ou armazenada em base de dados ou sistema de recuperação, sem a autorização prévia por escrito da editora.

Exceto em caso de indicação em contrário, todas as citações bíblicas foram extraídas da Bíblia Sagrada *The Amplified Bible* (AMP) e traduzidas livremente em virtude da inexistência dessa versão em língua portuguesa. Quando a versão da AMP correspondia com o texto da Almeida Revista e Atualizada, esse foi o texto utilizado nos versículos fora dos colchetes. Outras versões utilizadas: ABV (A Bíblia Viva, Mundo Cristão).

Meyer, Joyce

M612   Jesus nome sobre todo nome: libere a unção desse nome em sua vida / Joyce Meyer; tradução de Maria Lucia Godde Cortez / Idiomas & Cia. - Belo Horizonte: Bello Publicações, 2015.
112p.
Título original: Jesus name above all names

ISBN: 978-85-8321-018-4

1. Vida cristã. 2. Vida espiritual. I. Título

CDD: 212.1   CDU: 231.11

Elaborada por: Maria Aparecida Costa Duarte   CRB/6-1047

SUMÁRIO

Introdução	5
1. Há Poder no Nome!	11
2. O Nome e a Fé	25
3. Usando o Nome	43
4. Tomando o Nome em Vão	63
5. Reverência e Respeito pelo Nome	77
6. O Nome e o Relacionamento	89
Conclusão	101
Oração Por um Relacionamento Pessoal com o Senhor	104
Notas	107
Sobre a Autora	111

INTRODUÇÃO

Que importância há no nome de uma pessoa? Muito mais do que a maioria imagina.

Um nome representa a pessoa; ele personifica o seu caráter. Ele identifica a pessoa e a separa de todas as demais.

Quando chamamos alguém pelo seu nome, não estamos apenas dizendo o nome dessa pessoa. Estamos declarando algo sobre ela.

Do mesmo modo, quando dizemos o Nome de Jesus, não estamos apenas dizendo um nome. Estamos declarando um Nome que personifica o poder — não o poder humano, mas todo o poder e autoridade de Deus (Colossenses 2:9-10).

Quando dizemos o Nome, estamos descrevendo a Pessoa. Jesus significa Salvador e nós o estamos chamando de acordo com o que Ele faz por nós: Jesus nos salva do pecado, das nossas falhas, dos nossos erros e das circunstâncias que não estão dentro da Sua vontade (ver Mateus 1:21).

A Bíblia nos ensina que não existe outro nome que esteja acima do Nome de Jesus. Ela nos ensina que diante da menção do Nome de Jesus toda criatura deve se prostrar, que o Nome de Jesus tem poder e autoridade no céu, na terra e debaixo da terra (Filipenses 2:9-10).

O Nome de Jesus representa Jesus, portanto, quando oramos em Seu Nome, é exatamente como se Jesus fosse a pessoa que está fazendo a oração ou o pedido.

Quando dizemos o Nome de Jesus em oração, um poder é imediatamente disponibilizado para nós.

Que tipo de poder?

Introdução

Poder para abençoar outros, poder que traz ajuda para nós mesmos, poder para desfrutar as coisas boas que Deus planejou para nossa vida.

Nas reuniões e conferências que realizo, digo o Nome de Jesus muitas vezes quando estou ministrando. Quando faço isso, posso sentir Sua Presença e Seu poder sendo liberados no local. Creio que as pessoas estão recebendo cura, aceitando Jesus como seu Salvador e sendo cheias com o poder interior do Espírito Santo que há nesse Nome.

Precisamos de uma maior revelação sobre o poder que há no Nome de Jesus.

Há alguns anos escrevi um livro chamado *A Palavra, o Nome, o Sangue*. Recentemente, quando estava me preparando para ensinar sobre o Nome de Jesus, reli a parte desse livro que fala sobre o Nome. Creio que o Senhor estava encorajando minha fé nessa área. Percebi que, de tempos em tempos, Deus me dá um pequeno "curso de atualização" sobre o poder e a autoridade que há no Nome de Jesus.

JESUS NOME SOBRE TODO NOME

Não importa o quanto saibamos sobre o poder que há no Nome de Jesus, sempre há coisas novas que podemos aprender, ou talvez precisemos ser relembrados das coisas que já aprendemos.

O Senhor não quer que nos esqueçamos dos princípios fundamentais da Sua Palavra. Ele sabe que se a nossa fé não for ativada nessa área, não importa o que possamos tentar fazer em nossas vidas, nada funcionará.

Se você, como cristão, sente como se as coisas não estivessem "funcionando" para você como antes, pode ser que você tenha perdido de vista os princípios fundamentais da Palavra sobre o poder que há no nome de Jesus.

Há poder no Nome de Jesus para mudar as circunstâncias da vida contra as quais você tem lutado.

Talvez você pense que existam coisas maiores e mais importantes às quais deve dedicar seu tempo e atenção, mas você

Introdução

nunca deve achar que não é importante estudar sobre o Nome de Jesus.

Se você não tem um relacionamento pessoal com o Senhor, há algo que você precisa saber neste instante. Há poder no Nome de Jesus para mudar as circunstâncias da vida contra as quais você tem lutado. Tudo que você precisa fazer é receber o poder que Ele disponibilizou a você em Seu Nome.

Com esse poder, você poderá lidar com qualquer coisa que se levante contra sua vida.

Gostaria de compartilhar algumas coisas que aprendi sobre o poder que há no Nome para iluminar e renovar o seu entendimento.

Neste livro, você aprenderá a ativar sua fé no poder do Nome para usar de forma eficaz a autoridade dele em oração.

Como ministra do Evangelho, sei que preciso manter minha fé fortalecida nessas áreas porque não posso ministrar sem ela. Necessito estar constantemente ciente do tremendo poder que é liberado todas as vezes que digo o Nome de Jesus.

JESUS NOME SOBRE TODO NOME

Oro por você com a expectativa de que, ao terminar de ler este livro, sua fé no Senhor e no Nome de Jesus esteja tão fortalecida que você comece a orar de forma diferente, que quando você disser o Nome maravilhoso de Jesus, ele cumpra seu propósito. Você começará a experimentar a vitória pela qual esteve esperando em sua vida e na vida daqueles que o cercam!

Que você seja abençoado por Deus ao receber essa palavra do Senhor sobre o poder do Nome de Jesus — o **Nome que é sobre todo nome.**

1
HÁ PODER NO NOME!

> E [para que vocês possam conhecer e entender] qual é a imensurável, ilimitada e inigualável grandeza do Seu poder em nós e para nós, os que cremos...
>
> **Efésios 1:19**

Imagine como seria ter tanto poder que as circunstâncias que o afligem não pudessem derrotá-lo — um poder tão grande que sua força não pode sequer ser medida. Nessa passagem, o apóstolo Paulo nos diz que é exatamente isso que está disponível para nós em Jesus.

Muitas pessoas querem experimentar esse tipo de poder em suas vidas, mas não entendem como liberá-lo. Uma chave importante para liberar esse poder é declarar o Nome com fé.

A Bíblia diz que Jesus tem um Nome que está acima de todo e qualquer nome, que é o Nome mais elevado, o Nome mais poderoso no céu e na terra — e esse Nome foi dado a nós. Tudo o que temos de fazer é crer.

Crer em quê?

Em João 20:31 lemos: "*... creiam que Jesus é o Cristo (o Ungido), o Filho de Deus, e para que crendo nele, apegando-se a Ele, confiando nele e dependendo dele vocês possam ter vida através do Seu Nome [através de Quem Ele é]*".

Quando cremos em Jesus, desenvolvemos um relacionamento pessoal com Ele e oramos em Seu Nome, o poder de Deus se torna acessível a nós.

Recebemos tudo o que Deus providenciou para nós em Jesus por meio da fé nesse Nome — amor, paz, alegria, cura, prosperidade, segurança e força continuamente, a fim de sermos mais do que vencedores em qualquer situação e para que possamos transformar as circunstâncias que nos cercam.

Pense nisto por um instante: quando nos tornamos filhos de Deus, tudo que há nesse Nome pertence a nós!

Ignorantes e Impotentes

O meu povo é destruído por falta de conhecimento...

Oséias 4:6

Milhões de pessoas — inclusive cristãos — não têm a mínima ideia do tremendo poder que há no Nome.

Sei que isso é verdade porque eu era uma dessas pessoas.

Por muitos anos, fui uma cristã que ia à igreja semanalmente — às vezes várias vezes por semana. Eu fazia parte da diretoria da minha igreja e de uma equipe de evangelismo, e meu marido era presbítero na mesma igreja. Mas eu não tinha ideia do poder que havia no Nome de Jesus.

Como muitos, se não a maioria dos cristãos hoje, eu não tinha poder porque era ignorante.

Você sabia que pode viver uma vida cristã e ainda assim viver uma vida sem poder?

Ah, eu "usava" o Nome de Jesus. Eu o inseria no fim de cada uma das minhas orações exatamente como haviam me ensinado a fazer. Mas eu não tinha ideia do que estava fazendo, então, vivia uma vida cristã sem poder. Eu era impotente para gerar qualquer mudança real em minha vida ou na vida da minha família e de outras pessoas.

Você sabia que pode viver uma vida cristã e ainda assim viver uma vida sem poder?

É triste dizer, mas existem provavelmente mais cristãos vivendo vidas *destituídas de poder* do que cristãos que vivem vidas *poderosas*. Mas não foi assim que Deus pretendeu que fosse. Não era assim no início da Igreja.

Há Poder no Nome!

O Poder da Igreja Primitiva

E com grande força, capacidade e poder, os apóstolos davam testemunho da ressurreição do Senhor Jesus...

Atos 4:33

Por que havia tantas coisas dinâmicas acontecendo na Igreja Primitiva?

Por que lemos no livro de Atos sobre pessoas sendo curadas, demônios sendo expulsos e reviravoltas ocorrendo na vida de muitas pessoas?

Por que os primeiros cristãos eram capazes de realizar tantos milagres, sinais e maravilhas?

Os primeiros cristãos conheciam o poder que havia no Nome de Jesus, e eles usavam esse Nome regularmente da maneira que Deus pretendia que ele fosse usado. (Como veremos mais tarde, há uma maneira de usá-lo que devemos evitar.)

Quando o apóstolo Pedro usou o Nome para orar por um homem que era coxo desde o nascimento, o homem foi curado (Atos 3:1-8).

Filipe pregou para grandes multidões sobre o Reino de Deus e o Nome, e "... *enquanto Filipe pregava, eles foram batizados, tanto homens como mulheres*" (Atos 8:12).

Paulo usou o Nome quando ordenou que um demônio saísse de uma mulher que estava "... *possuída por um espírito de adivinhação [afirmando prever eventos futuros...]*". Imediatamente o espírito saiu, e ela foi liberta (ver Atos 16:16-18).

É óbvio que esses primeiros discípulos entendiam o poder que há no Nome de Jesus, e eles sabiam como usá-lo para receber Suas bênçãos e para abençoar outros.

Poder no Nome para Salvar

... estendes a Tua mão para curar e para realizar sinais e maravilhas através da autoridade e pelo poder do Nome do Teu santo Filho e Servo Jesus.

Atos 4:30

Nessa passagem, podemos ver que há poder no Nome de Jesus para os tempos de crise e poder para realizar sinais e maravilhas, tais como curar os enfermos e expulsar demônios. A Palavra de Deus também nos revela que há poder para salvar qualquer pessoa que clame por esse Nome (Atos 2:21).

A Bíblia diz que há salvação no Nome de Jesus, e que não há salvação em nenhum outro nome exceto nesse (Atos 4:12).

Salvação significa simplesmente crer no Nome de Jesus e tomar a decisão de colocar a sua fé nele. (Se você nunca fez isso antes e gostaria de tomar essa decisão agora, há uma oração no fim deste livro que você pode fazer.)

Em Colossenses 2:9 lemos: *"Porquanto nele toda a plenitude da Divindade continua a habitar em forma corpórea [dando completa expressão à divina natureza]"*.

Então no versículo 10 nos é dito que: *"E vocês estão nele, aperfeiçoados e tendo chegado à plenitude de vida [em Cristo vocês também são cheios com a Divindade — Pai, Filho e Espírito Santo — e chegam à plena estatura espiritual]. E Ele é o Cabeça de todo governo e autoridade...".*

Entenda isto: todo o poder de Deus foi investido no Nome de Jesus, e esse Nome foi dado à Igreja.

Uau!

Há poder para salvar qualquer pessoa que clame por esse Nome!

O glorioso nome de Jesus é poderoso. Para liberar esse poder, como falei anteriormente, é preciso ter fé. Se estamos vendo pouco poder ser manifesto em nossas vidas diárias, está nos faltando fé no Nome.

Posso sair por aí dizendo "em Nome de Jesus", posso orar "em Nome de Jesus" e posso até repreender demônios "em Nome de Jesus", mas se eu não estiver realmente liberando fé quando oro e falo nesse Nome, não terei os resultados que teria se a minha fé fosse ativada.

O Nome Como uma Arma Espiritual

Porque as armas da nossa milícia não são físicas [armas de carne e sangue], mas elas são poderosas em Deus para a destituição e destruição de fortalezas.

2 Coríntios 10:4

Creio que o motivo pelo qual Deus quer levantar homens e mulheres poderosos hoje é porque estamos engajados em uma guerra, uma guerra espiritual *"contra principados e potestades, contra os dominadores deste sistema mundial em trevas, contra as forças espirituais do mal nas regiões celestiais"* (Efésios 6:12).

Essa guerra não pode ser combatida no mundo natural e carnal. O diabo e seus demônios são os nossos inimigos, e só podemos lutar contra eles na esfera espiritual com armas espirituais.

Como 2 Coríntios 10:4 nos diz, *"as armas da nossa milícia não são terrenas [ou 'naturais'], mas poderosas em Deus para destruir fortalezas [coisas que nos mantêm em cativeiro]..."*.

Uma das armas espirituais mais poderosas que Deus nos deu para usar é o Nome de Jesus (ver Lucas 10:17). Ele é uma ogiva nuclear espiritual.

Seja Feito Segundo a Sua Fé

Partindo Jesus dali, dois cegos o seguiam, gritando alto: "Tem piedade e misericórdia de nós, Filho de Davi!".

Quando ele chegou em casa, os cegos se aproximaram e Jesus lhes disse: "Vocês acreditam que Eu posso fazer isso?" Eles lhe disseram: "Sim, Senhor". Então Ele tocou os olhos deles, dizendo: "Seja feito a vocês de acordo com a sua fé, confiança e dependência [do poder a Mim investido]".

E os olhos deles foram abertos...

Mateus 9:27-30

Conheço o poder que há no Nome de Jesus. Tenho orado e pregado sobre esse Nome há mais de vinte anos. Mas Deus me visitou há algum tempo e renovou minha fé no Nome, dando-me uma nova compreensão do pleno poder e da autoridade que o nome de Jesus representa para todo crente.

Quando digo que o Senhor "me visitou", não quero dizer que vi uma aparição. Quero dizer que Ele simplesmente começou a falar ao meu coração sobre o Nome de Jesus.

Tenho meditado na Bíblia sobre esse Nome há algum tempo. Faço isso especialmente antes de sair para ministrar a outras pessoas. Isso sempre ativa minha fé para que, quando eu esteja diante das pessoas, possa orar por elas crendo de todo o coração, a fim de que o poder possa ser liberado por todo o auditório para quebrar o jugo do cativeiro das vidas das pessoas.

Não posso subir em um púlpito e verdadeiramente orar pelas pessoas sem realmente crer ou ter fé de que algo vai acontecer.

Quando temos fé no Nome de Jesus, podemos nos levantar contra qualquer circunstância que desafie a nossa fé.

Quando temos fé no Nome de Jesus, podemos nos levantar contra qualquer circunstância que desafie a nossa fé por causa do poder que está disponível a nós nesse Nome.

A Fé Como uma Força

E, assim, a fé vem por ouvir [o que é dito], e o que é ouvido vem pela pregação [da mensagem que veio dos lábios] de Cristo (o próprio Messias).

Romanos 10:17

A fé é uma força. Jesus afirmou que ela é um poder que nos reveste, ou que habita em nós, que pode ser liberado através da oração e das palavras da nossa boca (ver Mateus 9:29).

Na versão de Romanos 10:17 da *Bíblia Viva*, nos é dito que: *"Assim é que a fé vem pelo ouvir esta Boa Nova — a Boa Nova a respeito de Cristo".*

Se você ouvir a Palavra sobre cura, sua fé será ativada para receber cura. Se você ouvir a Palavra sobre finanças, sua fé será ativada para finanças.

Há Poder no Nome!

Quando você ouve a Palavra de Deus sobre o poder do Nome de Jesus, sua fé no Nome de Jesus é ativada. Ao ler este livro, declare as passagens bíblicas sobre o poder do Nome de Jesus em voz alta. Quando terminar de lê-lo, você começará a orar de forma diferente. Passará a ter mais fé no que você pede em oração e a ter uma atitude de confiança, porque você crê no poder que a Bíblia diz que é seu por meio da fé nesse Nome. Você poderá prosseguir até a linha de chegada do plano de Deus para sua vida e desfrutar todas as bênçãos que Ele reservou para você! Você ativará sua fé no poder do glorioso Nome de Jesus — **o Nome sobre todo nome**.

2
O NOME E A FÉ

*Porque quantas são as promessas de Deus,
tantas têm nele o sim; porquanto também
por Ele é o amém para a glória de Deus,
por nosso intermédio.*

2 Coríntios 1:20

Lemos muitas promessas na Bíblia que nunca vemos acontecer em nossa vida.

Por quê? Qual é o problema?

Em primeiro lugar, precisamos entender que todos os privilégios são liberados quando *cremos*, e não simplesmente porque estão escritos na Bíblia.

Eles não são sequer liberados a nós apenas porque cremos em Jesus. Eles são liberados a nós porque cremos que as promessas são verdadeiras, e colocamos nossa fé naquilo que Deus disse.

Como vimos em Efésios 1:19, o apóstolo Paulo escreveu: *"E [para que vocês possam saber e entender] qual é a imensurável e inigualável grandeza do Seu poder em nós e por nós os que cremos...".*

Não creio que ele estava apenas dizendo: "Quero que vocês conheçam o poder imensurável que está disponível àqueles de nós que cremos em Jesus". Creio que Paulo estava dizendo: "Quero que vocês conheçam o poder imensurável que está disponível àqueles de nós que cremos em Jesus — **e que cremos que esse poder é nosso**".

Às vezes pensamos que apenas porque temos uma fé geral em Jesus como Senhor e Salvador, tudo que nos foi prometido na Bíblia acontecerá em nossa vida automaticamente.

> *Temos de tomar posse das promessas específicas por meio da fé.*

No entanto, não é assim que a fé funciona. Temos de tomar posse das promessas específicas por meio da fé.

Apresentarei um exemplo da Palavra de Deus.

Os Sinais Acompanharão Aqueles que Crerem

> *Estes sinais hão de acompanhar aqueles que creem: em Meu Nome, expelirão demônios; falarão novas línguas; pegarão em serpentes; e, se alguma coisa mortífera beberem, não lhes fará mal; se impuserem as mãos sobre enfermos, eles ficarão curados.*
>
> **Marcos 16:17-18**

Essas promessas foram dadas aos discípulos logo depois que Jesus lhes conferiu poder e autoridade, e imediatamente antes que Ele subisse ao céu para sentar-se à direita do Pai (v. 19).

Não creio que todas essas coisas aconteçam apenas àqueles que creem em Jesus. Creio que os sinais sobrenaturais acompanham aqueles **que creem em Jesus e creem que os sinais irão segui-los.**

A Igreja de Jesus Cristo está cheia de crentes incrédulos. Sei disso porque, como disse anteriormente, eu era cristã há muitos anos. Eu havia nascido de novo. Se tivesse morrido, eu teria ido para o céu, mas vivia uma vida completamente destituída de poder.

Eu acreditava em Jesus Cristo, mas não acreditava no poder do Seu Nome porque ninguém nunca havia me ensinado sobre esse poder. Eu nunca havia ouvido ninguém pregar sobre ele. Eu imaginava que Deus era o Único que tinha qualquer poder, e se Ele decidisse usá-lo em minha vida, Ele faria isso. Se Ele não decidisse usá-lo em minha vida, não havia nada que eu pudesse fazer sobre isso.

Eu não sabia nada sobre o poder de orar em Nome de Jesus. Embora eu acrescentasse "em Nome de Jesus" no fim de cada uma das minhas orações, não sabia o que estava fazendo.

Quando fui batizada no Espírito Santo e comecei a aprender sobre a autoridade do crente, comecei a crer que eu tinha poder.

Nós somos batizados no Espírito Santo (recebemos poder divino para realizar a vontade do Senhor em nossas vidas) da mesma maneira que somos salvos. Oramos e pedimos isso a Deus.

Quando nós, como crentes em Jesus Cristo, somos batizados no Espírito Santo, o Espírito Santo nos capacita a receber, compreender e experimentar o poder de Deus em uma medida maior.

O Espírito Santo nos capacita a receber, compreender e experimentar o poder de Deus em uma medida maior.

Quando comecei a crer que tenho acesso ao poder de Deus que está disponível a mim, comecei a usá-lo orando em Nome de Jesus. Quando passei a fazer isso, vi coisas poderosas acontecerem em minha vida e na vida dos que me cercavam.

Não basta apenas crer em Jesus. Temos de crer no poder do Seu Nome — e no fato de que temos esse poder.

Você acredita e confessa que é fraco ou que é poderoso?

Nós realmente não entendemos que temos esse poder imensurável disponível a nós se reagimos às circunstâncias dizendo coisas do tipo: "Não suporto mais isto — estou arrasado"; "Não posso mais continuar assim — é demais para mim"; "Sinto que estou desmoronando — tudo está desabando sobre minha cabeça"; "Isso é difícil demais para mim"; "Não suporto mais"; "Não consigo... não consigo... não consigo...".

O problema é que não acreditamos realmente que temos esse poder. Podemos falar sobre o poder e cantar sobre ele, mas, na verdade, acreditamos mais no que sentimos do que naquilo que a Bíblia diz.

O Nome e a Fé

Às vezes fazemos dos nossos sentimentos o nosso deus.

Então, talvez a razão pela qual os sinais não estão acompanhando muitos cristãos seja porque eles não **acreditam** que eles os acompanharão.

Apenas Creia!

E Jesus disse [Você Me diz]: "Se podes fazer alguma coisa? [Ora], tudo é possível àquele que crê!"

Marcos 9:23

Todas as vezes que me coloco diante de um grupo para ministrar, creio que estou sendo guiada pelo Espírito Santo[1] e que Ele ministrará às pessoas operando através de mim para atender às necessidades delas (ver 1 Coríntios 12:4-11).

Quando subo à plataforma, sei o que vou pregar, mas não sei nada sobre o restante do culto. Não faço a mínima ideia do que vai acontecer. Apenas creio que os sinais me acompanharão porque a Bíblia diz isso (ver Marcos 16:17-18). Creio que Deus está me dirigindo pelo Seu Espírito.

É tudo por causa de Jesus!

O resultado — e não digo isso com arrogância ou orgulho — é que não temos cultos ruins. Isso simplesmente não acontece. Vamos para casa maravilhados depois de todas as reuniões, dizendo: "Deus nos deixou de queixo caído! Ele é bom demais!"

O poder de Deus pode ser sentido fortemente nos cultos. A unção parece aumentar mais e mais a cada sessão. Houve vezes em que vimos mais de mil pessoas serem batizadas no Espírito Santo em um culto. As pessoas sempre são curadas física e emocionalmente, assim como espiritualmente.

E isso acontece porque nós **cremos** — porque colocamos a nossa fé no Nome de Jesus e em Quem Ele é. É tudo por causa de Jesus — da Sua bondade, da Sua misericórdia e do poder que há no Seu maravilhoso Nome.

O Nome e a Fé

Olhe para Jesus

E o Seu nome, através da fé e pela fé em Seu nome, fortaleceu e curou este homem que vocês veem e reconhecem...

Atos 3:16

Se quisermos desfrutar do poder que há no Nome, não podemos olhar para nós mesmos e para tudo o que **não** somos. Precisamos olhar para Jesus e para tudo o que Ele é e está disposto a fazer por nós e por meio de nós.

Em meu ministério, encorajo os membros da nossa equipe de adoração a crer que quando eles começarem a ministrar o louvor e a adoração, os demônios terão de fugir e as pessoas serão salvas, curadas e cheias do Espírito Santo.

Nas conferências que realizo, não faço nada para passar o tempo ou para impressionar alguém. Estou ali por uma razão: para libertar os cativos. Se eu não acreditasse realmente que aquilo que faço está ajudando as pessoas, ficaria em casa com meus filhos e netos.

Mas creio de todo o coração que aquilo que faço responde às necessidades de milhares de pessoas. Creio que quando oro em Nome de Jesus, os milagres irão acontecer — e eles acontecem!

Não faço isso apenas por fazer. Creio que aquilo que faço funciona e transforma vidas!

Se sua vida está um caos, se você não está vencendo as circunstâncias que o dominam, então verifique até que ponto você está crendo.

Lembre-se de que o próprio Jesus disse: *"Seja feito a você... segundo a sua fé"* (Mateus 9:29).

Ore e Creia

... tudo que vocês pedirem em oração, creiam (confiem) que lhes foi dado e vocês o receberão.

Marcos 11:24

Talvez você diga: "Bem, eu oro em Nome de Jesus, e mesmo assim não alcanço resultado".

O Nome e a Fé

Você pode estar orando em Nome de Jesus em uma hora do dia, mas, sem perceber, usando o Nome dele de maneira frívola durante o restante do dia. Ou pode ser que você esteja orando em Nome de Jesus, mas esteja acrescentando esse Nome no final das suas orações como um amuleto da sorte!

Nesse caso, de agora em diante, quando você falar o Nome de Jesus, faça isso com fé, crendo que um poder ilimitado está sendo disponibilizado para você.

Quando eu faço isso, posso sentir o poder que há nesse Nome. Posso senti-lo passando através de mim.

A Bíblia não está brincando quando diz que há poder nesse Nome.

Quando eu digo o Nome de Jesus na televisão, creio que o poder passa pelas ondas transmitidas e vai direto para a casa

> *A Bíblia não está brincando quando diz que há poder nesse Nome.*

das pessoas, a fim de suprir as necessidades de todos aqueles que ouvem e recebem em seu coração pela fé.

Há salvação no Nome de Jesus. Há cura nesse Nome e libertação da depressão e da opressão. Há remoção de barreiras nesse Nome.

Para receber tudo que há no Nome de Jesus, tudo que você precisa fazer é crer sinceramente.

O Nome e a Palavra

Se vocês viverem em Mim [permanecerem unidos de forma vital a Mim] e as Minhas palavras permanecerem em vocês e continuarem a viver em seus corações, pedirão o que quiserem, e lhes será feito.

João 15:7

Creio que às vezes nós, cristãos, tiramos essa promessa de Jesus do contexto. Pensamos que ao pedir qualquer coisa que quisermos, o Senhor terá de dá-la a nós simplesmente porque "acrescentamos" o Nome dele no fim das nossas orações.

O Nome e a Fé

A maneira correta de interpretar uma passagem da Bíblia é fazê-lo à luz de outra passagem da Bíblia. Não podemos simplesmente tirar João 15:7 de contexto sem considerar 1 João 5:14-15, que diz, na essência, que se pedirmos alguma coisa de acordo com Sua vontade, Ele concederá nosso pedido.

A Bíblia diz em João 15:7, na versão Almeida Revista e Atualizada: *"Se permanecerdes em mim, e as minhas palavras permanecerem em vós, pedireis o que quiserdes, e vos será feito"*.

Eu costumava achar que esse era o versículo mais tremendo que já havia lido. A palavra *permanecer* significa: "Descansar ou habitar... Continuar permanentemente... Estar firme e imutável".[2] Quando finalmente comecei a permanecer em Jesus, aprendi que a minha vontade se tornou uma com a vontade dele, a ponto de eu realmente não querer nada que não fosse da vontade do Senhor.

Faço isto até hoje: se há um versículo que dá suporte ao que estou pedindo em oração, vou à presença do Senhor e digo: "Esta é a Tua

Palavra, e estou esperando que ela se cumpra em minha vida".

Por outro lado, há muitas coisas pelas quais oramos e para as quais não temos uma passagem específica da Bíblia como apoio. Nesses casos, temos de orar: "Senhor, isto é o que creio que quero nesta situação. Se estiver certo, confio que Tu o darás a mim; mas se não estiver certo, então não o quero, porque quero apenas a Tua vontade".

Não a Minha Vontade, Mas a Tua

E afastou-se deles cerca de um tiro de pedra; e, pondo-se de joelhos, orava, dizendo: "Pai, se queres, passa de mim este cálice; todavia não se faça a Minha vontade, mas [sempre] a Tua".

Lucas 22:41-42

Meu filho mais novo tinha dezenove anos quando se casou. Sabíamos que ele era jovem, mas estávamos todos a favor do casamento. A moça com quem ele se casou tinha dezoito anos, mas ela vinha de uma família de pastores e tinha um relacionamento forte com o Senhor. Eles formavam um casal simplesmente lindo.

Ao se casarem, eles receberam algum dinheiro como parte de seus presentes de casamento e também tinham certa quantia economizada, então tinham o suficiente para dar entrada em uma pequena casa, se ela não fosse muito cara.

Meu marido havia ensinado ao nosso filho diversos princípios saudáveis sobre como lidar com o dinheiro. Ele não queria jogar seu dinheiro fora pagando aluguel se podia comprar uma casa própria.

Então fomos com eles procurar uma casa. Eles encontraram uma de que gostaram e que podiam pagar. Estavam realmente entusiasmados com isso.

No dia seguinte, nosso filho nos disse: "Charity e eu saímos ontem à noite, nos sentamos na frente daquela casa e oramos: 'Senhor, se é a Tua vontade que tenhamos esta casa, então nós a queremos. Se não é a Tua vontade que nós a tenhamos, então sabemos que Tu tens algo melhor para nós. Queremos somente o que for a Tua vontade".

Alguns dias depois, antes que eles pudessem voltar para comprar a casa, alguém a comprou.

"Ficamos decepcionados", ele nos disse mais tarde. "Mas creio que aquela casa foi vendida porque Deus tem algo melhor para nós, e vamos esperar por isso."

É assim que precisamos orar quando não estamos certos de que o que estamos pedindo é a vontade de Deus para nós com base na Sua Palavra.

Não teria sido sábio nosso filho e sua noiva terem se sentado diante daquela casa e orado: "Em Nome de Jesus, esta casa é nossa, e não vamos comprar nenhuma outra casa! Pai, esta é a casa que queremos e cremos que Tu vais consegui-la para nós porque Jesus disse que podemos ter tudo o que pedirmos em Seu Nome!"

Podemos ter tudo o que pedimos em oração, desde que saibamos que o que estamos pedindo é a vontade de Deus para nós — e não apenas a nossa vontade.

Descobrimos a vontade de Deus para nós orando e lendo a Sua Palavra. Então, quando aplicarmos nossa fé de acordo com a Sua Palavra para nossa vida, poderemos reivindicar o que é nosso por direito e usar o Nome de Jesus com resultados.

3
USANDO O NOME

*E acontecerá que todo aquele que clamar
o nome do Senhor [invocando e adorando
o Senhor — Cristo] será salvo.*

Atos 2:21

Um amigo, que foi meu aluno no seminário bíblico e passou a pastorear uma igreja, dá um exemplo real da importância de clamar o Nome em uma crise.

Certo dia, quando estava dirigindo com seu filho de cerca de quatro anos, ele estava passando por um cruzamento movimentado e se preparando para fazer uma curva à direita. Ele não sabia que a porta do lado do menino não estava trancada. Quando começou a fazer a curva à direita, o peso foi jogado para aquele lado do carro. Isso aconteceu antes das leis que obrigam o uso dos cintos de segurança, e a criança não estava usando um desses.

Quando o homem fez aquela curva fechada, a porta do carro se abriu, e o garotinho rolou para fora do veículo caindo bem no meio do cruzamento e do trânsito que vinha em sua direção!

O pai se lembra de ter visto o trânsito vindo das quatro direções e ficou aterrorizado quando viu um par de rodas vindo muito velozmente — prestes a passar por cima de seu filho. A única coisa que ele pôde fazer foi gritar "JESUS!"

O pai parou o carro, saltou para fora e correu até a criança, que estava perfeitamente bem. Então ele se virou para o homem que quase havia atropelado seu filho e gritou: "Obrigado, obrigado, obrigado por parar seu carro a tempo!"

Usando o Nome

Mas o homem que estava dirigindo o carro que quase havia atingido a criança estava absolutamente histérico. Meu amigo foi até ele e começou a tentar consolá-lo.

Porque o poder que opera milagres entrou em cena, a vida do menino foi poupada.

"Não fique nervoso!", ele disse. "Meu filho está bem — ele está bem. Não se preocupe com isso. Apenas agradeça a Deus por você ter conseguido parar!"

O homem estava tremendo e dizia sem parar: "Você não entende! Você não entende!"

"Qual é o problema?", perguntou o pai.

"Eu nem cheguei a colocar o pé no freio!", o homem respondeu.

O poder que há no Nome de Jesus parou aquele carro! Aquela era uma situação de crise. Não havia tempo para ninguém fazer nada — tempo para pensar, planejar ou raciocinar. Embora não houvesse nada que o homem pudesse fazer, o Nome de Jesus prevaleceu. Porque o poder que opera milagres entrou em cena, a vida do menino foi poupada.

Poder e Autoridade no Nome

Então Jesus reuniu os Doze [apóstolos] e lhes deu poder e autoridade sobre todos os demônios, e para curar doenças. E enviou -os a anunciar e pregar o Reino de Deus e a efetuar curas.

Lucas 9:1-2

Em minhas reuniões, sempre temos um tempo de ministração após a pregação.

Eu costumava fazer filas para oração nas quais orava pelas pessoas individualmente. Amo fazer isso, mas minhas reuniões cresceram e, se eu fizesse isso agora, não conseguiria fazer mais nada.

Aprendi que posso ficar de pé e orar em Nome de Jesus, liberando minha fé, e as pessoas na congregação irão receber esse poder curador tão seguramente quanto se eu orasse com cada uma delas de modo individual.

Quando as pessoas vêm para minhas reuniões sobrecarregadas e deprimidas, aprendi a assumir a autoridade sobre esses espíritos no Nome de Jesus para que o peso seja retirado, e as pessoas possam sair em liberdade e com alegria.

Mas não é a oração que quebra o jugo de cativeiro; é o poder e a autoridade que há no Nome de Jesus que faz isso. Minha oração é simplesmente o veículo que leva esse poder.

A Procuração

Toda autoridade (todo poder de governo) no céu e na terra me foi dada. Vão, portanto, e façam discípulos de todas as nações, batizando-os em nome do Pai e do Filho e do Espírito Santo. Ensinando-os a observar todas as coisas que Eu lhes tenho mandado, e eis que estou com vocês todos os dias (perpetuamente, uniformemente e em todas as ocasiões), até ao encerra-

mento e à consumação dos tempos. Amém (assim seja).

Mateus 28:18-20

Nessa passagem, Jesus está dizendo essencial-mente: "Todo poder e autoridade no céu e na terra me foram dados, e agora Eu os estou dando a vocês. Vão e façam as obras que Eu fiz, e obras ainda maiores que essas vocês farão — em Meu Nome" (João 14:12).

Em outras palavras, Jesus deu a todos os que creem nele a procuração ou o direito legal para usar Seu Nome.

Não há motivo para andarmos chorosos, medrosos, fracos ou sem poder. Não há motivo para desistir. Só sentiremos vontade de desistir se não estivermos usando o Nome do Senhor no nível em que Ele está disponível a nós, porque assim não teremos vitória e enfrentaremos dificuldades o tempo todo. Precisamos evitar usar o Nome de Jesus para fazer afirmações frívolas do tipo "Ai meu Deus, que calor!"; "Ai meu Deus, que frio!"; "Ai meu Deus, estou tão cansado!";

Usando o Nome

"Ai meu Deus, estou morrendo de fome!"; "Ai meu Deus, estou tão fraca!"

Quando dizemos esse Nome glorioso, precisamos dizê-lo deliberadamente, com reverência e respeito.

Quando dizemos esse Nome glorioso, precisamos dizê-lo deliberadamente, com reverência e respeito, reconhecendo o poder e a autoridade inerentes a Ele.

Precisamos saber que quando dizemos o Nome de Jesus, estamos invocando para a nossa atmosfera tudo o que Jesus é. Seu Nome o representa. Ele toma Seu lugar. Quando Seu Nome é dito, Jesus está presente.

É isso que significa ter uma procuração.

Tenho uma procuração para cuidar dos negócios da minha tia. Estou autorizada a assinar os cheques dela, a gastar o dinheiro dela, a pagar suas contas ou vender suas propriedades. Tenho esse poder e autoridade porque ela os deu a mim na forma de uma procuração. Foi isso que Jesus fez por você e por mim; Ele nos deu o direito de falar às circunstâncias, aos principados e às potestades com a autoridade que nos foi concedida pela procuração que Ele nos investiu. E nós exercemos esse poder usando Seu Nome.

O Nome Recebe Atenção!

Ele próprio se tornou tão superior aos anjos quanto o glorioso Nome (título) que Ele herdou é diferente e muito mais excelente que os nomes deles.

Hebreus 1:4

De acordo com a Bíblia, quando o Nome de Jesus é pronunciado, todo o céu presta atenção.

Eu não ficaria nem um pouco surpresa se, quando disséssemos o Nome de Jesus sinceramente, com reverência e fidelidade, todo o céu fizesse "Shhhhhhhhhh", pedindo silêncio!

Por que nós gostamos de conhecer alguém importante? Porque gostamos de citar nomes. Gostamos de usar o nome dessa pessoa porque

Usando o Nome

ele nos dá uma medida a mais de reconhecimento. Em outras palavras, recebemos mais atenção quando usamos o nome de alguém importante.

Minhas filhas aprenderam que isso é verdade.

No meu gabinete, não posso atender todas as ligações que chegam, ou eu nunca conseguiria terminar meu trabalho. Então, quando as pessoas tentam me telefonar, elas geralmente precisam falar com uma de minhas assistentes ou deixar um recado na secretária eletrônica. O mesmo acontece com a maioria dos meus administradores. É difícil falar com eles pessoalmente porque eles estão sempre muito ocupados.

Às vezes, quando estou em casa, digo a uma de minhas filhas: "Ligue para Roxane [minha administradora geral] e coloque-a no telefone para mim porque preciso falar com ela".

Ora, meus filhos são importantes e eles são respeitados no ministério, mas sabem que o nome deles não recebe nem de longe tanta atenção quanto o meu.

Então, se minha filha Sandra ligar para o ministério e disser: "Aqui é Sandra, preciso falar com Roxane", ela não terá os mesmos resultados que teria se telefonasse e dissesse: "Estou ligando a pedido de minha mãe, ela precisa falar com Roxane".

Precisamos citar o Nome certo!

Eu disse à minha equipe que quando telefono para o escritório eles precisam atender minhas ligações diretamente porque posso estar na estrada e não ter tempo para esperar por outra chance de ligar de volta.

Então minhas filhas aprenderam que se elas usarem meu nome, isso lhes proporcionará mais atenção e resultados mais rápidos.

É assim que deveria ser com o Nome do Senhor. Precisamos citar o Nome certo — o Nome de Jesus. Precisamos ter certeza de que estamos usando esse Nome para obter a atenção e os resultados que precisamos a fim de receber tudo o que Deus tem para nós e para fazer tudo o que Ele quer que façamos.

Usando o Nome em Oração

Em verdade, em verdade lhes digo que se alguém crê firmemente em Mim, ele próprio será capaz de fazer as coisas que Eu faço; e ele fará coisas ainda maiores que estas, porque Eu vou para o Pai. E Eu farei [Eu mesmo concederei] tudo o que vocês pedirem em Meu Nome [demonstrando tudo o que EU SOU], para que o Pai possa ser glorificado e exaltado no (através do) Filho. [Sim] Eu concederei [Eu mesmo farei por vocês] tudo o que vocês pedirem em Meu Nome [demonstrando tudo o que EU SOU].

João 14:12-14

Não tenho a intenção de parecer superespiritual, mas quando oro, gosto de dizer o Nome de Jesus de certa forma — deliberadamente e com uma ênfase especial. Provavelmente a maior parte do meu tempo de oração é gasto em louvor e adoração. Descobri que as ações de graça devem superar as petições.

Não há problema em pedir a Deus o que queremos. Jesus nos disse para pedirmos em Seu Nome. Mas se somos pessoas que têm o hábito de louvar e adorar — se somos gratos —, então podemos passar a maior parte do nosso tempo de oração louvando e adorando ao Senhor. E assim poderemos mencionar nossa necessidade no Nome de Jesus, e Ele se moverá mais depressa para suprir nossa necessidade.

Muitas vezes, no meu tempo pessoal de oração, que é muito importante para mim, entro na presença do Senhor e apenas digo o Nome vez após vez. **Jesus, Jesus, Jesus, eu Te amo, Jesus. Eu engrandeço o Teu Nome. Eu exalto o Teu santo Nome.**

Aprendi que quando digo esse Nome, é liberado poder para libertar os cativos e para quebrar as cadeias que prendem as pessoas.

Quando eu o pronuncio, espero que os enfermos sejam curados e os demônios sejam expulsos. Esse poder e essa autoridade não são dados somente a mim. O poder que há nesse Nome está disponível a todos os crentes.

Usando o Nome

Você nunca sabe o que poderá acontecer se você, como crente, impuser a mão ungida sobre alguém e disser: "Seja curado, em Nome de Jesus".

Muitas vezes, quando cantamos canções sobre o Nome de Jesus, não entendemos realmente a mensagem que o Senhor está tentando nos transmitir através delas. Na versão da *Amplified Bible* de João 14:12-14, Jesus diz que quando oramos em Seu Nome, estamos apresentando ao Pai tudo o que Jesus é.

Gosto disso porque tira a pressão de cima de mim. Não estou apresentando o que eu sou ou fui ou espero ser, porque eu cometo erros.

Quando oro: **"Pai, venho a Ti em Nome de Jesus; pela fé coloco o sangue de Jesus sobre a minha vida,[1] eu Te peço que me perdoes por todos os meus pecados,[2] e eu venho nesse Nome que está acima de todo Nome"**, estou apresentando ao Pai tudo o que Seu Filho Jesus é. Estou lembrando a Ele o sacrifício que Jesus fez por mim quando *"... veio uma vez por todas, a fim de afastar para sempre o poder do pecado,* *ao morrer por nós"* (Hebreus 9:26, ABV) na cruz e depois ressuscitou ao terceiro dia. Estou declarando minha fé em Jesus para que meus pecados nem sequer existam mais.

Quando ministro em uma reunião, espero ver coisas poderosas acontecerem. Não estou tentando glorificar meu nome ou minha reputação.

Minha função é simplesmente me levantar e declarar o Nome. Minha função é orar pelas pessoas e deixar os resultados com o Senhor. Quero que o Nome dele seja glorificado e exaltado. Quero que as pessoas saibam que há poder no Nome de Jesus.

Abra Caminho ao Longo do Seu Dia Através da Oração

Ora, Pedro e João estavam indo ao templo à hora da oração, a nona hora (três horas da tarde), [quando] certo homem aleijado desde o nascimento estava sendo carregado, o qual era deitado todos os dias à

Usando o Nome

porta do templo [que é] chamada Formosa, para que pudesse mendigar daqueles que entravam no templo. Então, quando ele viu Pedro e João prestes a entrarem no templo, ele lhes pediu que lhe dessem uma esmola. E Pedro dirigiu o olhar atentamente para ele, e o mesmo fez João, e disse: "Olhe para nós!" E [o homem] prestou atenção a eles, esperando receber algo deles. Mas Pedro disse: "Não tenho prata nem ouro (dinheiro); mas o que tenho, isso lhe dou: no (uso do) Nome de Jesus Cristo de Nazaré, ande!"

Atos 3:1-6

Se orássemos mais pelas pessoas em Nome de Jesus em vez de julgá-las, veríamos mais reviravoltas na vida delas e na nossa. Afinal, levamos menos tempo para orar do que para julgar e criticar.

Deixe-me dar um exemplo.

Vamos supor que vemos um jovem andando pela rua. Por ele estar trôpego, presumimos que está drogado ou embriagado. Como ele está sujo e despenteado, imaginamos que ele provavelmente é um desabrigado.

Quantas vezes olhamos para uma pessoa assim e dizemos a nós mesmos: "Que vergonha viver assim; é uma péssima maneira de viver. Não acredito que alguém se permita estar em um estado tão lamentável".

No entanto, seria preciso muito menos tempo e energia para simplesmente dizer: "Pai, em Nome de Jesus, eu oro por aquele jovem, para que ele seja liberto desta situação de sofrimento. Envia o obreiro perfeito ao encontro dele, alguém a quem ele ouça, alguém que possa falar uma palavra oportuna a ele. Obrigada, Senhor, porque deste momento em diante sei que irás trabalhar na vida dele para que ele não permaneça mais perdido".

Como Pedro e João na passagem de Atos 3, precisamos aprender a abrir caminho ao longo do nosso dia com a oração e nos livrar da mentalidade de que para orar é preciso adotar determinada postura física e estar em casa ou na igreja. Pensar que precisamos ser eloquentes ou soar

Usando o Nome

sofisticados para que Deus ouça nossa oração é uma mentalidade que precisamos superar.

Orar é simplesmente falar com Deus. E podemos fazer isso todos os dias, o dia inteiro.

> *Orar é simplesmente falar com Deus.*

Como Pedro e João, precisamos orar em Nome de Jesus — com fé nesse Nome. Orar em Nome de Jesus é parte dos nossos direitos de herança (como filhos e filhas de Deus) por meio do sangue de Jesus.

Há poder no sangue de Jesus, assim como há poder no Nome de Jesus.

Há Poder no Sangue

Porque, se a [mera] aspersão das pessoas ímpias e contaminadas com o sangue dos touros e bodes, e com as cinzas de uma novilha queimada é suficiente para a purificação do corpo, quanto mais certamente o sangue de Cristo, que pela virtude do

[Seu] Espírito eterno [a Sua própria personalidade divina preexistente] se ofereceu a Si mesmo como um sacrifício imaculado a Deus, purificará as nossas consciências das obras mortas e das observâncias sem vida para servirmos ao Deus [eternamente] vivo?

Hebreus 9:13-14

Amo falar e cantar sobre o Nome de Jesus e sobre o sangue de Jesus, porque creio firmemente que quando fazemos isso, se formos sinceros, os demônios têm de fugir.

Se você quer criar uma atmosfera para a manifestação de milagres, simplesmente comece a orar, a cantar, a pregar e a exortar sobre o Nome e o sangue de Jesus.

Há poder no sangue, poder suficiente para purificar uma vida inteira de pecado.

Pense no que você e eu temos. Temos o Nome e o sangue de Jesus. O sangue nos limpa completamente de todos os nossos pecados para que nos tornemos tão limpos como se nunca

Usando o Nome

tivéssemos pecado (ver 1 João 1:7). Todo o poder do céu e da terra está investido no Nome de Jesus, e esse Nome nos foi dado.

Agora que somos lavados no sangue, podemos viver confiantes de que tudo o que pedirmos ou dissermos Jesus prometeu dar e cumprir, porque falamos no poder do Seu Nome; fazendo isso, apresentamos tudo o que Ele é.

Não aceite viver uma vida destituída de poder. Aprenda a usar o poder de Deus que está disponível a você usando o Nome de Jesus em oração e em louvor — e não em vão.

4

TOMANDO O NOME EM VÃO

> Não tomarás o Nome do SENHOR teu Deus em vão; porque o SENHOR não terá por inocente o que tomar o Seu Nome em vão.
>
> **Êxodo 20:7, ARA**

A versão da *Amplified Bible* para a mesma passagem diz: "Você não usará ou repetirá o Nome do SENHOR seu Deus em vão [isto é, levianamente ou frivolamente, em falsas afirmações ou de forma profana]; pois o SENHOR não terá por inocente aquele que tomar o Seu Nome em vão".

Há vários anos, recebi uma revelação sobre esse assunto de tomar o Nome do Senhor em vão.

Até aquele momento eu sempre havia pensado que tomar o Nome do Senhor em vão equivalia a atrelar Seu Nome a uma palavra de baixo calão ou usá-lo de alguma outra forma profana.

Mas quando li esse versículo que fala em usar Seu Nome *leviana* ou *frivolamente*, o Senhor começou a me mostrar quantas vezes nós, crentes — não apenas os incrédulos —, utilizamos mal Seu Nome.

Usamos a palavra "Deus" de muitas maneiras, e muitas vezes não estamos orando de forma séria ou invocando o poder que há nesse Nome, mas estamos apenas dizendo esse Nome como qualquer outro. Isso é tomar o Nome do Senhor em vão e é o mesmo que usá-lo de forma profana.

Misturando Positivos e Negativos

Acaso, pode a fonte jorrar [simultaneamente] da mesma abertura água doce e amarga?

Tiago 3:11

Tomando o Nome em Vão

Creio que uma das razões pelas quais não estamos vendo o poder sendo liberado no Nome do Senhor é porque na nossa fala estamos misturando positivos e negativos. Quando fazemos isso, o resultado é zero.

Quando precisamos vencer alguma circunstância adversa em nossa vida, não podemos usar o Nome do Senhor positivamente e depois simplesmente fazer o contrário, usando-o negativamente, e ainda esperarmos que ele tenha poder!

O Senhor falou ao meu coração sobre isso. Ele disse: "Algumas pessoas nunca chegam a lugar algum porque são positivas em um dia e negativas no outro dia com relação à mesma coisa".

Quando oramos e fazemos uma boa confissão alinhada com a Palavra, os anjos entram em ação em nosso favor (ver Salmos 103:20 e Hebreus 1:14). Mas quando ficamos cansados e começamos e esmorecer na nossa mente e a fazer todo tipo de coisas negativas, desfazemos tudo pelo qual oramos. Acabamos voltando ao ponto de partida.

JESUS NOME SOBRE TODO NOME

Quando as pessoas dizem algo como: "Ai, meu Deus, estou tão cansada", elas não estão orando. Elas não estão falando com Deus. Elas estão apenas usando uma expressão para falar de seus sentimentos.

Ora, não há problema em dizer: "Ai, meu Deus, estou tão cansada", quando estamos realmente elevando nosso coração ao Senhor em oração sincera sobre estarmos nesse estado.

Precisamos tomar cuidado com a maneira como usamos esse Nome.

Mas, na maior parte do tempo, não é isso que estamos fazendo. Sem pensar, estamos usando o Nome do Senhor de uma maneira leviana ou frívola. Como vimos, Deus deixou claro na Sua Palavra que qualquer pessoa que faz isso não será considerada inocente. É por isso que precisamos tomar cuidado com a maneira como usamos esse Nome.

Em toda parte aonde vou, ouço pessoas, até crentes, dizendo coisas do tipo: "Ah, Senhor",

Tomando o Nome em Vão

ou "Meu Deus" quando não estão se dirigindo a Ele efetivamente. Usar o Nome do Senhor dessa maneira se tornou comum. As pessoas têm o hábito de fazer afirmações do tipo:

"Meu Deus, o preço dos alimentos subiu demais ultimamente."

"Senhor, está quente aqui."

"Meu Deus, que frio!"

"Ai, Senhor, estou morrendo de fome!"

Ouço esse tipo de linguagem mesmo quando estou com pregadores, intercessores, líderes de louvor ou missionários. Ouço isso com tanta frequência que não faz sentido tentar corrigi-los todas as vezes que o fazem. Mas isso me entristece porque sei que eles estão ferindo a si mesmos gravemente.

O Senhor me mostrou que muitas pessoas no Corpo de Cristo precisam melhorar drasticamente nessa área. Todos nós precisamos ter mais reverência pelo Nome de Jesus.

Reverência pelo Nome

...sejamos agradecidos, e, deste modo, ado-
remos a Deus, com uma atitude aceitável,
com toda a reverência e temor.

Hebreus 12:28

Não vou ficar sentada assistindo a programas de televisão ou filmes em que o Nome do Senhor é tomado em vão. Não importa sobre o quê é o programa ou o quanto minha família e eu possamos querer vê-lo, se ele toma o Nome do Senhor em vão, é desligado.

Por quê?

Porque isso é irreverência. Amo demais o Senhor para ser entretida por alguém que toma o Nome dele em vão. Ele fez muito por mim para que eu faça isso.

Eu realmente acredito que se esperamos que o Nome do Senhor libere poder em nossa vida quando precisarmos dele, então precisamos reverenciar esse Nome durante todo o tempo.

Tomando o Nome em Vão

A maioria de nós hoje não tem ideia da reverência que o povo tinha pelo Nome do Senhor no tempo da Velha Aliança. Eles tinham tamanho temor por ele que nem sequer o pronunciavam. Muitas vezes eles apenas se referiam a ele como "aquele Nome" porque sabiam que havia poder nesse Nome.[1]

Davi vivia sob a Velha Aliança quando enfrentou Golias, o gigante campeão dos filisteus (inimigos de Israel) que amaldiçoou Davi pelos seus deuses e ameaçou dar sua *"carne aos pássaros do céu e às feras do campo"* (1 Samuel 17:43-44).

Davi estava em uma situação de crise, mas ele respondeu às ameaças do inimigo declarando: *"... você vem a mim com uma espada, uma lança e um dardo, mas eu vou a você em Nome do* SENHOR *dos exércitos, o Deus dos exércitos de Israel, a quem você desafiou"* (v. 45).

Então Davi disse: *"Hoje terei a sua cabeça!"* (v. 46).

Quando Davi saiu para guerrear contra o gigante fortemente armado, ele não levava nada com ele além de uma funda e o Nome do Senhor. Mas isso era mais do que suficiente para derrotar o inimigo insolente.

É isso que você e eu precisamos fazer quando encontrarmos oposição do nosso inimigo espiritual, o diabo. Precisamos usar as armas espirituais que o Senhor nos deu, e, como já vimos, uma dessas armas é o Nome de Jesus. O Nome de Jesus rompe as trevas.

Trate com o Espírito Que Está Por Trás do Problema

Porque não estamos lutando contra carne e sangue [contendo apenas com oponentes físicos], mas contra os despotismos, contra as potestades, contra [os espíritos controladores que são] os dominadores deste mundo de trevas, contra as forças espirituais da maldade nas regiões celestiais (sobrenaturais).

Efésios 6:12

Tomando o Nome em Vão

Quando alguém nos irrita ou nos frustra, de nada adianta julgar ou criticar essa pessoa. Precisamos tratar com o espírito que está por trás dessa pessoa, no Nome do Senhor.

Houve vezes, como nas ocasiões em que jogávamos no campo de golfe, em que estive com pessoas que falavam palavras grosseiras constantemente. Nesses momentos, aprendi a me afastar e dizer: "Em Nome de Jesus, eu assumo autoridade sobre você, demônio maligno da blasfêmia. Cale a boca. Não vou ouvir isso o dia inteiro".

Outras vezes ouço as pessoas criticando, murmurando, resmungando e procurando defeitos em outras — e eu tenho de passar o dia inteiro com elas! Mais uma vez, eu me afasto para algum lugar e digo: "Pai, eu tomo autoridade sobre esse espírito de crítica e o amarro em Nome de Jesus. Não vou ouvir isso o dia inteiro" (ver Mateus 18:18).

Às vezes as pessoas me perguntam: "Você sempre tem resultados instantâneos?"

A resposta é "não". As pessoas têm o livre-arbítrio, e elas podem cancelar a minha oração e a minha confissão. Mas estou aprendendo em minha própria vida a orar primeiro antes de tomar qualquer outra atitude. A oração é uma maneira positiva e poderosa de lidar com os problemas. Se eu preciso dizer alguma coisa diretamente às pessoas, faço isso, mas quero sempre seguir a direção do Espírito Santo nesse tipo de situação.

O ponto é que precisamos ser mais poderosos com relação às pessoas e situações com as quais entramos em contato todos os dias. Precisamos lembrar que há poder no Nome de Jesus.

O Nome Não é Brincadeira!

...nem conversa néscia e pecaminosa (tola e corrupta)... mas antes proclamem a sua gratidão [a Deus].

Efésios 5:4

Outra coisa que eu costumava fazer e que levou Deus a me criticar severamente por isso era o

Tomando o Nome em Vão

hábito de fazer uso de conversas néscias e tolas com o Seu Nome.

Por exemplo, certa noite nosso filho chegou bem na hora do jantar. Eu tinha uma boa refeição à mesa, e ele ficou falando sem parar sobre diversas coisas sobre as quais eu realmente não queria conversar. Quando vi que ele não tinha pressa de sair, eu disse a ele de forma brincalhona: "Saia, em Nome de Jesus!"

No instante em que fiz isso, uma forte convicção veio sobre mim porque o Senhor estava me ensinando exatamente nessa área. Ouço as pessoas dizerem muitas coisas com esse tipo de brincadeira, mas precisamos tomar cuidado para não fazer brincadeiras com o Nome de Jesus.

Uma vez fui almoçar com uma poderosa intercessora cristã que compartilha a Palavra regularmente. Durante cinco vezes em uma hora ouvi-a tomar o Nome do Senhor em vão (de

> *Precisamos tomar cuidado para não fazer brincadeiras com o Nome de Jesus.*

maneira leviana e imprudente). Muitas vezes os crentes fazem isso sem perceber o que estão fazendo.

Quando você usar o Nome do Senhor, certifique-se de estar sendo sincero. Se você cometer um erro por causa dos maus hábitos, se você escorregar e usar o Nome de forma imprópria, pare imediatamente e arrependa-se. Peça ao Senhor para perdoá-lo por tomar Seu Nome em vão, mas entenda que você, na verdade, está ferindo a si mesmo quando usa o Nome do Senhor de forma imprópria. Se você espera que o Nome de Jesus libere poder em sua vida quando você necessitar disso, então precisa reverenciar o Nome durante o restante do tempo.

O poder é imediatamente disponibilizado a nós que cremos quando dizemos o Nome: poder para usar contra o diabo e todas as suas hostes, poder para ajudar a nós mesmos e poder para abençoar outros. Não estou falando de um gotejar de poder, mas de um derramamento poderoso que pode fazer com que as bênçãos

Tomando o Nome em Vão

de Deus nos persigam pela rua e nos tomem por completo!

Uma chave importante para esse poder é dizer este Nome glorioso — Jesus! — com reverência e respeito.

5
REVERÊNCIA E RESPEITO PELO NOME

...Eu sou o grande Rei, diz o SENHOR dos Exércitos, o meu nome é terrível e deve ser [reverentemente] temido entre as nações.

Malaquias 1:14

Quando você tiver chegado a esta altura do livro, espero que tenha passado a entender que o Nome de Jesus é mais do que apenas um Nome comum. Há poder no Nome e, nesse versículo, o próprio Senhor nos adverte de que Seu Nome deve ser reverentemente temido.

A palavra "temor" aqui significa demonstrar confiança, amor e obediência reverentes a Ele.[1] Em Provérbios 1:7 nos é dito: *"O temor reverente e cheio de adoração ao SENHOR é o princípio, a parte principal e escolhida do conhecimento... e da sabedoria divina...".*

Se você quer saber a verdade, acredito que muitos cristãos hoje em dia perderam muito da reverência pelas coisas espirituais.

Quando aprendemos que Deus é nosso Amigo, entramos em um relacionamento muito mais confortável com Ele. Mas há algum tempo, o Senhor falou ao meu coração que precisamos tomar cuidado para não entrarmos em um estado de "camaradagem" a ponto de pensarmos que Deus é apenas nosso "coleguinha" sem percebermos o quanto Ele é grande e tremendo.

Reverência Gera Obediência

Filhos, obedeçam aos seus pais no Senhor [como Seus representantes], porque isso é justo e certo. Honrem (estimem e valorizem

Reverência e Respeito Pelo Nome

*como preciosos) seu pai e sua mãe — esse
é o primeiro mandamento com promessa.*

Efésios 6:1-2

Creio que se fôssemos mais reverentes, seríamos mais obedientes, porque a reverência gera obediência.

Quando os filhos têm reverência e respeito por seus pais, eles não discutem com eles nem se rebelam contra eles.

Creio que o motivo pelo qual muitos filhos não respeitam e reverenciam seus pais como deveriam é porque seus pais perderam o respeito e a reverência pelas coisas espirituais, pelos líderes espirituais e pelas figuras de autoridade em geral. O resultado é que a falta de respeito e reverência é transmitida dos pais para os filhos de modo que eles retrucam, argumentam e se rebelam. Se um pai ou uma mãe demonstra abertamente desrespeito por seu empregador, eles estão ensinando seus filhos a serem desrespeitosos também.

> *A falta de respeito e reverência é transmitida dos pais para os filhos.*

Nos dias de hoje, não é nada raro estar em um lugar público, como uma loja ou mercado, e ver uma criança de dois anos dar um chilique e bater em sua mãe ou chutá-la. Se não tomarmos cuidado, é assim que nossos filhos acabarão agindo conosco e com nosso Pai celestial. Em outras palavras, eles perderão o respeito e a reverência por nós e pelo Senhor, assim como por todos os que ocupam posições de autoridade.

Precisamos entender que isso é o que Satanás faz. Ele gera coisas como o desrespeito e a irreverência no mundo, esperando que isso invada a Igreja, porque ele sabe que quando isso acontece, nós nos tornamos desobedientes. A desobediência faz com que percamos o poder de Deus em nossas vidas.

A fim de impedir que isso aconteça, precisamos nos proteger contra algo chamado *familiaridade*.

A Familiaridade Gera Falta de Reverência

*Quando chegaram à eira de Nacom, esten-
deu Uzá a mão à arca de Deus e a segurou,
porque os bois tropeçaram e a sacudiram.
E a ira do SENHOR acendeu-se contra Uzá;
e Deus o feriu ali por tocar a arca, e ele
morreu ali junto à arca de Deus.*

2 Samuel 6:6-7

Nessa passagem do Antigo Testamento vemos que Davi e seus homens estavam levando a arca da aliança de volta a Belém. Quando eles se aproximaram de determinado ponto do trajeto, os bois que estavam puxando o carro com a arca tropeçaram e a arca começou a balançar. Uzá, um jovem que estava dirigindo o carro de bois, estendeu a mão para firmar a arca "*... e Deus o feriu ali por sua irreverên-cia...*" (v. 7), e ele morreu instantaneamente. (Em Números, capítulos 3 e 4, lemos que o Senhor deu a Moisés instruções específicas sobre quem poderia carregar a arca e como ela deveria ser transportada.)

O versículo 8 prossegue dizendo que Davi se entristeceu e ficou ofendido com a morte de Uzá. Ele não entendeu por que Uzá teve de morrer por estender a mão e tocar a arca.

Anteriormente, em 1 Samuel 7, lemos que quando a arca foi devolvida a Israel pelos filisteus, ela foi mantida na casa de Abinadabe, o pai de Uzá, possivelmente por alguns anos.

Creio que foi pelo fato de a arca ter permanecido em sua casa por tanto tempo que ela havia se tornado uma coisa comum para Uzá, a tal ponto que ele não a olhava com respeito. Foi por isso que ele não teve medo de estender a mão e tocá-la — a familiaridade com a arca havia gerado nele uma falta de reverência por ela, e isso lhe custou a vida.[2]

A Familiaridade Limita o Poder

Mas Jesus lhes disse: "Não há profeta sem honra (deferência, reverência) senão no seu [próprio] país e entre os seus parentes, e na sua [própria] casa". E Ele não pôde

Reverência e Respeito Pelo Nome

> *fazer nenhuma de Suas obras de poder ali, exceto impor as mãos em alguns enfermos [e] curá-los. E admirou-se por causa da incredulidade deles...*
>
> **Marcos 6:4-6**

Temos de tomar muito cuidado para não nos tornarmos excessivamente familiarizados com certas coisas. A partir do momento que nos sentimos familiarizados em relação a algo, deixamos de demonstrar por isso o respeito que precisa ser demonstrado.

A partir do momento que nos sentimos familiarizados em relação a algo, deixamos de demonstrar por isso o respeito que precisa ser demonstrado.

O mesmo também é verdade no que se refere à familiaridade com as pessoas.

Sei que muitas pessoas não entendem por que os líderes espirituais nem sempre podem ser tornar "camaradinhas", por assim dizer, daqueles a quem ministram. Muitas vezes, se as pessoas passarem a conhecer seus líderes espirituais intimamente, elas não os verão mais na posição em que eles precisam estar para dar-lhes a ajuda necessária. Faz parte da natureza humana desvalorizar as coisas que estão imediatamente disponíveis a nós.

Nessa passagem de Marcos 6, Jesus havia ido à Sua cidade natal, Nazaré. Quando Ele começou a pregar na sinagoga da cidade, muitas pessoas ficaram ofendidas com Ele. Elas o reconheceram como o filho de Maria. Elas conheciam Seus irmãos e irmãs. A familiaridade delas com Jesus fez com que elas fossem irreverentes e desrespeitosas para com Ele. O resultado foi que o Seu poder para ajudá-las foi limitado, e Ele curou apenas algumas pessoas enfermas.

Às vezes um pastor pode orar repetidamente por alguém de sua congregação sem que essa pessoa consiga romper suas barreiras. Então, um evangelista visitante pode ir à igreja e orar por aquela pessoa, e ela é curada imediatamente.

Por que isso acontece? O evangelista é mais ungido que o pastor?

Não, o motivo é que a pessoa enferma vê o pastor todas as semanas, de modo que ele passa a ser o "velho e bom pastor da igreja". Todos o amam e o consideram um grande sujeito, mas não colocam nele a mesma fé que colocam em alguém que não conhecem.

Talvez o motivo seja o fato de que eles tenham visto seu pastor mostrar seu lado humano de vez em quando. Talvez eles o tenham visto gritar com seus filhos ou ficar um pouco irritado. Então, de repente, eles não conseguem lidar com o fato de que ele é uma "pessoa normal" como eles próprios.

Mas o que as pessoas não veem é que o evangelista fez o mesmo tipo de coisas antes de ir à igreja delas para ministrar!

A Familiaridade Diminui o Respeito

"Não é este o carpinteiro, filho de Maria, irmão de Tiago, José, Judas e Simão? E não vivem aqui entre nós suas irmãs?" E escandalizavam-se nele e ficaram magoados [isto

*é, eles o reprovaram, e **isso impediu que
eles reconhecessem a Sua autoridade**]...*

Marcos 6:3, grifo do autor

Às vezes, quando uma pessoa é salva e recebe um chamado de Deus sobre a sua vida, os membros de sua família e seus parentes não conseguem aceitar esse chamado.

Você sabe por quê? O motivo é que eles estão familiarizados demais com ela. Eles a conhecem bem demais para dar-lhe o respeito que deveriam.

Como vimos nessa passagem, isso pode acontecer com qualquer um, até com Jesus. A Bíblia diz que até Seus próprios irmãos não creram nele (João 7:5).

Ainda tenho parentes que não conseguem aceitar meu ministério como outras pessoas aceitam. Alguns deles até me disseram: "Você pode ser uma figura importante agora, mas eu a conheci quando...".

Muitas vezes algumas pessoas não querem permitir que superemos o nosso passado. Mas

Reverência e Respeito Pelo Nome

a Bíblia diz que se alguém está em Cristo, ele é nova criatura; as coisas velhas já passaram, e todas as coisas se tornaram novas (ver 2 Coríntios 5:17).

Não queremos nos tornar tão familiarizados com o Nome de Jesus a ponto de simplesmente o pronunciarmos por aí de forma impensada, sem qualquer entendimento de que há mais nele do que apenas pronunciar o Nome.

Não sei quanto a você, mas quando eu digo o Nome "Jesus", posso realmente **sentir** a unção que está sobre ele. Quando o pronuncio nas minhas reuniões, as pessoas são salvas, curadas e cheias do Espírito Santo.

Esse tipo de resultado não está limitado às pessoas que estão no ministério. É por isso que tenho um desejo profundo de que todo crente entenda a importância que há em ter reverência e respeito por esse Nome glorioso. Quando isso acontece, nós nos abrimos para o poder que há no Nome — poder para lidar com as nossas próprias circunstâncias e para ministrar sobrenaturalmente a outros.

6
O NOME E O RELACIONAMENTO

E depois de ter aparecido em forma humana, Ele se humilhou [ainda mais] e levou a Sua obediência ao extremo da morte, e morte de cruz! Portanto [por Ele ter se curvado tão baixo] Deus o exaltou sobremaneira e lhe concedeu liberalmente o Nome que está acima de todo nome, para que ao nome de Jesus todo joelho se dobre no céu e na terra e debaixo da terra, e toda língua [francamente e abertamente] confesse e reconheça que Jesus Cristo é Senhor, para a glória de Deus Pai.

Filipenses 2:8-11

Essa passagem descreve de modo poderoso como Jesus recebeu o Nome sobre o qual estamos falando, um Nome que é sinônimo de: *Senhor, Salvador, a Palavra* (João 1:1), *Cordeiro de Deus* (João 1:29), *Pão da Vida* (João 6:35), *Senhor dos senhores* e *Rei dos reis* (Apocalipse 17:14). E como Jesus recebeu esse Nome?

Ele o recebeu por ser extremamente **obediente.**

Já falamos sobre a obediência, mas existe outro aspecto dela em relação ao Nome que mencionarei a seguir.

Obediência e Relacionamento

Que haja em vocês esta mesma atitude, propósito e mente [humilde] que havia em Cristo Jesus: [Que Ele seja o seu exemplo de humildade]; o qual, embora sendo essencialmente um com Deus e na forma de Deus [possuindo a plenitude dos atributos que fazem de Deus, Deus], não pensou que essa igualdade com Deus fosse algo a se agarrar ou reter com avidez, mas despiu-

O Nome e o Relacionamento

> *se [de todos os privilégios e dignidade que*
> *eram seus por direito], de modo a assumir*
> *a forma de um servo (escravo), com isso*
> *tornando-se como os homens e nascendo*
> *como um ser humano.*
>
> **Filipenses 2:5-7**

Nessa passagem vemos que antes do ato de obediência de Jesus (descrito em Filipenses 2:8-11 no início deste capítulo), Ele tinha um relacionamento preexistente e progressivo com o Pai.

Se quisermos que o uso do Nome de Jesus produza resultados poderosos em nossas vidas, primeiro precisamos ter um relacionamento com Ele, assim como Ele tinha com o Pai no céu.

Ter um relacionamento com alguém é fruto de passar tempo com essa pessoa. Para ter um relacionamento íntimo com o Senhor, precisamos de um tempo regular que passamos com Ele em comunhão. Isso significa simplesmente falar com Ele diariamente, ler a Sua Palavra regularmente e permitir que Ele se envolva em nossas vidas.

Não é possível ter um relacionamento verdadeiro com Deus sem compromisso — o mesmo tipo de compromisso que existe em um casamento.

Para Usar o Nome, Precisamos Estar Casados!

O que tem a noiva é o noivo...

João 3:29

Na Bíblia, Jesus se apresentou como um noivo e à Igreja como Sua noiva. Para ter um noivo e uma noiva, deve haver um casamento. Esse casamento gera um relacionamento pessoal duradouro entre a noiva e o noivo.

Quando Dave Meyer e eu nos casamos, eu tomei seu nome. Eu me tornei a Sra. Dave Meyer. Agora tenho toda a autoridade que o nome "Dave Meyer" representa.

Antes de nos casarmos, eu não tinha nada. Dave tinha um carro novo. No instante em que nos tornamos marido e esposa, esse carro passou a ser meu.

O Nome e o Relacionamento

Antes de nos casarmos, eu tinha dívidas. No instante em que nos casamos, essas dívidas passaram a ser de Dave.

Tudo o que tínhamos individualmente passou a ser dos dois, porque estávamos em um relacionamento matrimonial um com o outro.

Esse não era o caso quando estávamos apenas namorando. Eu não tive o nome "Dave Meyer" ou qualquer coisa que esse nome representa até nos casarmos.

É assim com Jesus; não recebemos Seu Nome e todo o poder que ele nos confere até que estejamos "casados" com Ele.

O problema é que muitos cristãos só querem "namorar" Jesus. Eles querem viver suas vidas do seu próprio jeito, de forma independente. Eles não querem dar a Cristo seu tudo. Eles querem reter algumas áreas de suas vidas. Eles não querem assumir um compromisso completo.

Muitos cristãos só querem "namorar" Jesus.

Mas quando eles se envolvem em problemas ou passam por um desastre, logo dizem:

Oh, Jesus, estou com problemas! Vamos nos encontrar!

Oh, Jesus, preciso de dinheiro! Vamos nos encontrar!

Oh, Jesus, estou doente! Vamos nos encontrar!

Eles querem poder clamar esse Nome para que Ele lhes dê o dinheiro, a cura, a libertação ou o que for que eles precisem. Mas não querem pertencer a Ele totalmente e em todo o tempo.

Jesus não está interessado em ter apenas um "encontro" casual conosco. Ele quer um relacionamento permanente conosco. Ele quer colocar um anel de compromisso em nosso dedo e se "casar" conosco. Ele quer que o recebamos como nosso "Esposo", como nosso único Senhor e Dono (ver Isaías 54:5).

O problema é que frequentemente não estamos dispostos a assumir esse tipo de compromisso. Queremos usar o Nome, mas precisamos entender que **não podemos usar o Nome até que nos casemos.**

Eu não pude usar o nome do meu marido até me casar com ele. Enquanto estávamos apenas namorando, eu não podia assinar o nome dele nem tirar dinheiro da sua conta bancária. Mas no instante em que nos casamos, eu podia sacar tudo o que ele tinha no banco porque tudo o que ele tinha era meu — e vice-versa.

Há muito tempo, Jesus falou ao meu coração: "Se você Me der tudo o que tem, Eu lhe darei tudo o que Eu tenho. Tudo que é Meu estará à sua disposição. Mas você tem de pertencer a Mim".

Em outras palavras, Jesus quer que voltemos toda a nossa atenção para Ele, que o busquemos com toda a força, para dar a Ele tudo o que somos.

Por quê?

Porque o poder de Deus só vem a nós quando estamos em um relacionamento com Ele, quando pertencemos a Ele.

Pertencer Gera Poder

Mas a todos quantos o receberam, deu-lhes a autoridade (o poder, o privilégio, o direito) de se tornarem os filhos de Deus, isto é, aqueles que creem (se apegam, dependem e confiam) no Seu Nome.

João 1:12

Tenho um sentimento crescente em minha vida de que pertenço a Deus.

O que quero dizer?

Não pertenço a mim mesma. Não posso simplesmente passar pela vida fazendo o que quero fazer, agindo como quero, gastando dinheiro em qualquer coisa que quero, tratando as pessoas como quero.

Deus me permite fazer muitas coisas que quero fazer. Não ando por aí perguntando a Ele se cada pequenina coisa que faço o dia inteiro é da Sua vontade antes de fazer.

Creio que somos guiados pelo Espírito Santo nas questões da vida diária, assim como nas

O Nome e o Relacionamento

questões extraordinárias que surgem ocasional-mente. Mas, no instante em que tenho um sinal de Deus de que algo que estou prestes a fazer está errado, eu paro imediatamente.

Por que faço isso? Porque tenho um temor reverente de perder a Presença de Deus.

Somos guiados pelo Espírito Santo nas questões da vida diária.

Sim, tenho medo, mas medo do jeito certo. Não tenho medo de Deus, mas tenho medo de me colocar de pé diante de milha-res de pessoas que estão esperando que eu leve a elas a Palavra e o poder do Senhor — e nada acontecer porque perdi a Presença e a unção de Deus em minha vida!

Isso é assustador. E deve ser. Isso me mantém em oração e obediência. Isso me faz desligar a televisão quando o Nome do Senhor é tomado em vão.

Assumi um compromisso com o Senhor. Eu pertenço a Ele, e o resultado é que tenho experimentado o Seu poder vez após vez quando oro em Seu Nome.

É impressionante quantos cristãos nunca assumem um compromisso com o Senhor e nunca experimentam o Seu poder em suas vidas. Eles são salvos, e vão para o céu um dia quando morrerem, mas estão vivendo uma vida sem poder nesta terra.

Eles não entendem que pertencer a Deus gera poder.

Entendo que uma razão pela qual muitos cristãos não assumem um compromisso é porque a palavra "compromisso" os deixa desconfor- táveis. Eles pensam que terão de abrir mão de alguma coisa. Na verdade, elas ganharão tudo (ver Mateus 19:29).

Não pense que o Senhor espera que você seja perfeito. Quando pertence a Deus, você pode confiar Nele para ajudá-lo a manter o seu compromisso com Ele.

Simplesmente faça o que você pode fazer, e Ele o ajudará a fazer o que você não pode fazer.

O Nome e o Relacionamento

Assumir um compromisso com o Senhor é, na verdade, uma aliança de mão dupla. Nós entregamos tudo o que é nosso a Ele, e Ele se compromete a estar sempre conosco (ver Mateus 28:20).

Como Ele está conosco?

Nunca se esqueça de que Ele está conosco em Seu Nome. Cada vez que o pronunciamos, Ele está ali para nos ajudar quando precisamos de ajuda e para nos capacitar a realizar tudo o que planejou para nossa vida.

Há poder no maravilhoso Nome de Jesus. Ele deseja usar esse poder para nos ajudar, nos curar e nos abençoar radical e abundantemente.

Oro para que você assuma o compromisso de que, de agora em diante, viverá cada dia comprometido com Ele e atravessará as circunstâncias no poder do Nome de Jesus — **o Nome que é acima de todo nome!**

CONCLUSÃO

> *Com que espécie de poder ou por que tipo de autoridade [pessoas como] vocês fizeram isto [esta cura]? Então Pedro... lhes disse... saibam e entendam todos vocês... que no Nome e pelo poder e autoridade de Jesus Cristo de Nazaré... este homem está aqui diante de vocês bem e fisicamente sadio.*
>
> Atos 4:7-8, 10

Jamais conseguiremos usar palavras suficientes para expressar o poder que há no Nome de Jesus. O Nome dele é mais poderoso que qualquer outra coisa no céu e na terra — e nós, como crentes, recebemos o direito de usar esse Nome para qualquer situação na vida.

Não creio que haja nada mais triste do que ver um filho de Deus orando e fazendo outras coisas

JESUS NOME SOBRE TODO NOME

que os cristãos fazem, mas sem ter nenhum poder em sua vida para ter resultados.

As fraquezas que o mundo tem não são a nossa herança.

Jesus não veio à terra, morreu na cruz e ressuscitou ao terceiro dia para que nós fôssemos fracos e derrotados. Ele passou por tudo aquilo para nos dar uma herança — autoridade nesta vida e poder para governar as circunstâncias por meio do Seu Nome.

Neste livro, compartilhei com você algumas maneiras que o Senhor me mostrou para receber esse poder. Lembre-se de que você recebe Seu poder pela fé no Nome de Jesus, pela oração com fé em Seu Nome, pela reverência e pelo respeito ao Seu Nome e por intermédio de um relacionamento com Ele.

Creio que coisas boas vão acontecer à medida que você começar a aplicar esses princípios em sua vida.

Há poder à sua disposição para suprir todas as suas necessidades. À medida que aprender

Conclusão

a exercer seu direito de usar o Nome de Jesus sobre essas necessidades, você as verá mudar por intermédio do poder do Nome de Jesus — o **Nome que é acima de todo nome.**

ORAÇÃO POR UM RELACIONAMENTO PESSOAL COM O SENHOR

Deus quer que você receba Seu dom gratuito da salvação. Jesus quer salvá-lo e enchê-lo com o Espírito Santo mais do que qualquer coisa. Se você nunca convidou Jesus, o Príncipe da Paz, para ser seu Senhor e Salvador, eu o convido a fazer isso agora. Faça a oração a seguir, e se você realmente for sincero, experimentará uma nova vida em Cristo.

Pai,

Tu amaste tanto o mundo, que deste o Teu Filho unigênito para morrer pelos nossos pecados, para que todo aquele que crê nele não pereça, mas tenha vida eterna.

Tua Palavra diz que somos salvos pela graça por meio da fé como um dom que vem de Ti. Não há nada que possamos fazer para ganhar a salvação.

Conclusão

Creio e confesso com minha boca que Jesus Cristo é o Teu Filho, o Salvador do mundo. Creio que Ele morreu na cruz por mim e levou todos os meus pecados, pagando o preço por eles. Creio em meu coração que Tu ressuscitaste Jesus dos mortos.

Eu Te peço que perdoes os meus pecados. Confesso Jesus como meu Senhor. De acordo com a Tua Palavra, sou salvo e passarei a eternidade contigo! Obrigado, Pai. Sou extremamente grato! Em Nome de Jesus, amém.

Ver João 3:16; Efésios 2:8-9; Romanos 10:9-10; 1 Coríntios 15:3-4; 1 João 1:9; 4:14-16; 5:1, 12-13.

NOTAS

Capítulo 2

1. Os crentes "... são guiados pelo Espírito de Deus, assim como um estudante é guiado pelo seu tutor em seu aprendizado, como um viajante é guiado pelo seu guia na sua viagem, como um soldado é guiado pelo seu capitão nas suas obrigações; não impelidos como os animais, mas guiados como criaturas racionais, atraídas com as cordas de um homem e os laços de amor... Tendo se submetido ao crerem na sua direção, eles na sua obediência seguem essa direção e são docemente conduzidos a toda verdade e a todo dever". *MATTHEW HENRY'S COMMENTARY ON THE WHOLE BIBLE*, New Modern Edition Electronic Database, copyright © 1991 por Hendrickson Publishers, Inc., s.v. "Romanos 8:10-16, o privilégio do crente". Uso mediante permissão. Todos os direitos reservados.

JESUS NOME SOBRE TODO NOME

2. *American Dictionary of the English Language,* 10ª ed. (San Francisco: Foundation for American Christian Education, 1998). Fac-símile de Noah Webster, edição de 1828, permissão de reimpressão por G. &C. Merriam Company, copyright © 1967 e 1995 (Renewal) por Rosalie J. Slater, s.v. "ABIDE".

Capítulo 3

1. A Bíblia ensina que podemos ter o perdão completo dos nossos pecados (total libertação da condenação) através do sangue de Jesus. A circulação do nosso sangue através do nosso corpo é, na verdade, uma "lavagem" contínua ou um processo de purificação que "lava" o nosso organismo dos desejos que de outra forma o envenenariam. Da mesma forma, quando confessamos os nossos pecados a Deus, o sangue de Jesus (que Ele derramou quando morreu na cruz pelos nossos pecados) "lava" continuamente o nosso homem interior do pecado que nos envenena espiritualmente (ver 1 João 1:7, 9 ABV).

Notas

2. Mateus 9:5 ABV nos diz: "(Jesus)... *tem autoridade na terra para perdoar pecados*".

Capítulo 4

1. William Smith, LL.D., *Smith's Bible Dictionary* (Old Tappan, New Jersey: Spire Books, Jove Publications, Inc., para Fleming H. Revell Company, 1981), p. 213, s.v. "GOD".

Capítulo 5

1. *Jatnieson, Fausset and Brown Commentary*, Electronic Database, copyright © 1997 por Biblesoft, s.v. "medo". Todos os direitos reservados.

2. "A ofensa de Uzá parece muito pequena. Ele e seu irmão Aiô, os filhos de Abinadabe em cuja casa a arca havia ficado alojada por muito tempo, tendo sido convocados para cuidar dela... empreenderam a tarefa de dirigir o carro de bois onde a arca foi carregada... Por algum acidente ou outro a arca correu o risco de virar. Uzá, por isso, segurou-a, para salvá-la de uma queda; temos motivos para crer que com uma ótima intenção, para preservar

a reputação da arca e para impedir um mau agouro. No entanto, esse foi o seu crime. Uzá era um levita, mas somente os sacerdotes podiam tocar a arca. A lei era expressa com relação aos coatitas que, embora devessem carregar a arca pelos varais, não deveriam tocar em nenhuma coisa santa, para que não morressem (Números 4:15). A longa familiaridade de Uzá com a arca e os cuidados constantes que ele despendera a ela, talvez tenham ocasionado sua presunção, mas não podiam desculpá-la". *MATTHEW HENRY'S COMMENTARY ON THE WHOLE BIBLE*, s.v. 2 Samuel 6:6-11, "Uzá morto por tocar a arca".

Sobre a Autora

Joyce Meyer é uma das líderes no ensino prático da Bíblia no mundo. Renomada autora de *best-sellers* pelo *New York Times*, seus livros ajudaram milhões de pessoas a encontrarem esperança e restauração através de Jesus Cristo.

Através dos *Ministérios Joyce Meyer*, ela ensina sobre centenas de assuntos, é autora de mais de 80 livros e realiza aproximadamente quinze conferências por ano. Até hoje, mais de doze milhões de seus livros foram distribuídos mundialmente, e em 2007 mais de três milhões de cópias foram vendidas. Joyce também tem um programa de TV e de rádio, *Desfrutando a Vida Diária®*, o qual é transmitido mundialmente para uma audiência potencial de três bilhões de pessoas. Acesse seus programas a qualquer hora no site www.joycemeyer.com.br

Após ter sofrido abuso sexual quando criança e a dor de um primeiro casamento emocionalmente abusivo, Joyce descobriu a liberdade de viver vitoriosamente aplicando a Palavra de Deus à sua vida, e deseja ajudar outras pessoas a fazerem o mesmo. Desde sua batalha contra um câncer no seio até as lutas da vida diária, Joyce Meyer fala de forma aberta e prática sobre sua experiência, para que outros possam aplicar o que ela aprendeu às suas vidas.

Ao longo dos anos, Deus tem dado a Joyce muitas oportunidades de compartilhar seu testemunho e a mensagem de mudança de vida do Evangelho. De fato, a revista *Time* a selecionou como uma das mais influentes líderes evangélicas dos Estados Unidos. Sua vida é um incrível testemunho do dinâmico e restaurador trabalho de Jesus Cristo. Ela crê e ensina que, independente do passado da pessoa ou dos erros cometidos, Deus tem um lugar para ela, e pode ajudá-la em seus caminhos para desfrutar a vida diária.

Joyce tem um merecido PhD em teologia pela Universidade Life Christian em Tampa, Flórida; um honorário doutorado em divindade pela Universidade Oral Roberts em Tulsa, Oklahoma; e um honorário doutorado em teologia sacra pela Universidade Grand Canyon em Phoenix, Arizona. Joyce e seu marido, Dave, são casados há mais de quarenta anos e são pais de quatro filhos adultos. Dave e Joyce Meyer vivem atualmente em St. Louis, Missouri.